UN

VOYAGE EN BALLON

PENDANT

LE SIÉGE DE PARIS

NOVEMBRE 1870

Par Albert **FERNIQUE**

Ingénieur des Arts & Manufactures

SAINT-QUENTIN
Imprimerie Jules MOUREAU, Grand'Place, 7

1871

UN VOYAGE EN BALLON

A Monsieur le Secrétaire de l'Association amicale des anciens Elèves de l'Ecole centrale des arts et manufactures.

Monsieur et cher camarade,

Conformément à la demande que vous m'avez faite, je vous envoie quelques notes relatives à la mission que j'ai remplie pendant le siége de Paris; cette mission, comme vous le verrez, concernait exclusivement la défense de la capitale et les intérêts les plus chers de nos concitoyens.

Dès le commencement du siége, j'ai suivi assidûment les réunions de l'Ecole centrale et je faisais partie du corps du génie civil, section de l'assainissement.

En dehors de cela, m'étant occupé depuis longtemps de photographie, je me trouvai en rapport avec M. d'Almeida, membre du Comité scientifique siégeant au ministère de l'Instruction publique, et je m'adonnai avec lui pour le Comité à des expériences relatives à la reproduction photo-microscopique des dépêches; ce travail demandait non pas une grande habileté mais beaucoup de discrétion.

M. d'Almeida, quoi qu'en aient dit certains journaux, est le premier qui se soit occupé activement de la reproduction microscopique des dépêches au moyen de la photographie, et cela dès les premiers jours du siége. L'un des premiers ballons partis de Paris a même emporté une note à ce sujet émanant de lui. Cette priorité est d'ailleurs reconnue dans le *Journal officiel* par M. Nadié, dans un de ses articles sur *la poste pendant le siége,* en date du 16 mars 1871.

Mes essais commencés au lycée Corneille se continuèrent au ministère des finances où M. Ernest Picard me fit installer un laboratoire.

Les appareils dont je me servais ont été inventés et fournis par M. Dagron. C'est avec ces appareils qu'ont été produites ces épreuves microscopiques montées dans des objets divers qui ont fait fureur si longtemps. M. Dagron mit la plus parfaite obligeance à me fournir les renseignements et les préparations dont j'avais besoin.

Voici en quelques mots comment s'obtenaient ces épreuves. Au moyen d'un fort objectif je faisais sur collodion humide un cliché de la dépêche à peu près de grandeur naturelle; puis ce cliché était placé dans l'appareil de M. Dagron qui, au moyen de ses 20 objectifs et en 2 poses, donnait sur une même plaque de verre 40 épreuves positives de la dépêche ayant chacune environ 1 millimètre carré. Ces épreuves ne pouvaient se lire qu'avec un microscope.

Je fis d'abord une série de recherches relatives au support définitif de ces épreuves microscopiques. J'essayai successivement le papier pelure, le mica en feuilles excessivement minces etc.; enfin, M. Dagron m'indiqua un procédé, à lui appartenant, au moyen duquel l'épreuve microscopique pouvait être obtenue sur une pellicule très-mince, très-résistante, flexible, parfaitement transparente et complétement inattaquable à l'eau et aux agents atmosphériques.

Dès lors les applications de ce procédé devinrent évidentes au point de vue de l'envoi des dépêches de toute nature de province à Paris, par pigeons voyageurs; la poste aérienne était créée.

Déjà, sur les indications de M. d'Almeida, la délégation du Gouvernement envoyait à Paris, au moyen des pigeons, quelques dépêches officielles photographiées sur papier, mais qui étaient loin d'être microscopiques; la pellicule de M. Dagron et la réduction microscopique allaient permettre d'envoyer par la même voie des dépêches privées en grand nombre.

M. Ernest Picard me fit proposer alors d'aller établir en province le service des dépêches photo-microscopiques officielles et privées. C'était une affaire industrielle un peu en dehors de mon ressort; M. Dagron qui s'était montré si devoué et si désintéressé pendant le cours de mes essais dont il avait deviné le but, et qui dirigeait depuis longtemps d'immenses ateliers de photographie faisait bien mieux l'affaire; il fut accepté et je me décidai à le seconder dans cette importante mission tout en ayant un rôle parfaitement distinct.

Après quelques pourparlers que prolongèrent des bruits persistants d'armistice, un traité fut passé entre MM. Rampont directeur général des postes, qui s'était occupé très-activement de cette question, les administrateurs des postes, M. Dagron et moi; M. Ernest Picard y mit aussi sa signature.

Pendant la durée de ces pourparlers, je fis avec M. Dagron et en présence de M. Jules Ferry, un certain nombre de dépêches microscopiques destinées à être envoyées au maréchal Bazaine dont le Gouvernement ignorait encore la triste capitulation.

D'après notre traité, M. Dagron et moi devions nous rendre en ballon en dehors des lignes ennemies, puis à Clermont-Ferrand, où, d'accord avec le directeur des postes du Puy-de-Dôme, nous devions organiser notre service de dépêches.

M. Dagron prenait à sa charge la partie industrielle de l'affaire, et je devais, tout en le secondant, organiser sur d'autres bases le service des pigeons voyageurs qui ne marchait guère bien et établir, de concert avec le préfet de l'Yonne, un système de communication avec Paris au moyen de boules flottantes immergées dans le courant de la Seine.

Je relevais de M. Rampont seul avec qui je devais communiquer au moyen d'un chiffre convenu.

Le 11 novembre 1870, un décret paraissait au *Journal officiel* établissant les tarifs et conditions du nouveau mode de correspondance et notre départ était fixé au 12.

Ce jour-là, à neuf heures un quart du matin, par un temps splendide, deux ballons de 2,100 mètres cubes chacun s'élevèrent de la gare d'Orléans. C'étaient le *Niepce* et le *Daguerre*, construits par M. Godard : d'autres noms leur avaient été donnés, mais, sur ma demande et le matin même, ceux-là furent substitués.

Le *Niepce* emportait MM. Dagron, Poizot son gendre, Gnocchi aide photographe, Pagano marin-aéronaute et moi, plus environ 500 kilog. d'appareils photographiques et 350 kilog. de lest.

Le *Daguerre* était monté par MM. Pierron ingénieur des ponts et chaussées, Nobécourt propriétaire de pigeons et Jubert marin-aéronaute ; il emportait de plus des pigeons, des dépêches et le complément des appareils de M. Dagron.

Le vent soufflait exactement de l'ouest à l'est. Cette direction n'offrait rien d'engageant, mais nous comptions sur la Providence qui, pour notre ballon du moins, ne nous fit pas défaut. La sympathie publique ne nous manqua pas non plus ; car malgré une consigne sévère, plus de 2,000 personnes assistaient au départ de cette expédition dont la réussite devait calmer tant d'inquiétudes à Paris.

Le *Niepce* partit quelques minutes après le *Daguerre* et se tint pendant bien longtemps à une hauteur notablement moindre : cela tenait à son fort chargement.

Le moment du départ fut à peine remarqué par nous, car notre embarquement, suivi immédiatement de notre départ se fit dans le plus parfait désordre. Au fond de la nacelle était le lest qui doit toujours être à la portée des aéronautes; sur ce lest des caisses d'appareils et par dessus le tout les cinq voyageurs qui, dans une nacelle de 1 mètre 20, sur 1 mètre 60, déjà tout encombrée, ne savaient comment se tenir. Notre premier soin fut donc de tâcher de nous organiser et surtout d'arriver à avoir le lest sous la main.

Malgré cet état de gêne, je pus jeter un coup d'œil sur la gare d'Orléans notre point de départ qui s'éloignait rapidement, et sur l'ensemble de Paris qui se développait subitement sous mes yeux comme un gigantesque plan en relief.

Je m'inquiétais cependant de notre altitude qui était loin d'être suffisante pour franchir avec sécurité les lignes prussiennes, et nous travaillions activement à débrouiller notre chaos.

Le vent avait peu de vitesse; nous passâmes très-lentement au-dessus des fortifications dont les lignes animées se présentaient dans tout leur développement, puis vinrent les forts de Vincennes et de Nogent ; je remarquai en passant avec surprise le triste état du bois de Vincennes en partie rasé. Enfin, tout en jetant péniblement du lest, nous traversâmes la Marne puis une série de redoutes et de retranchements prussiens. Mais là, au lieu des applaudissements et des cris d'encouragement que nous avions entendus jusqu'alors, ce fut une vive fusillade qui nous accueillit; pendant une heure, ce ne furent que feux isolés et feux de pelotons accompagnés de cris étourdissants. Le *Daguerre* était toujours en avant de nous et plus élevé, nous n'étions qu'à 900 mètres, et à cette hauteur, nombre de balles sifflaient d'une manière peu réjouissante à nos oreilles. Nous ne voyions guère les tireurs, mais nous distinguions très-bien la fumée des coups de feu.

Trois quarts d'heure environ après notre départ, et pendant la fusillade, nous constatâmes avec surprise que le *Daguerre* descendait ; nous ne comprenions pas cette manœuvre intempestive, mais la descente continuant, nous fûmes obligés d'admettre qu'il avait été atteint par quelque projectile. En effet, nous vîmes bientôt nos malheureux compagnons passer immédiatement au-dessous de nous et atterrir rapidement dans une ferme vers laquelle, au même moment, arrivaient bride abattue des cavaliers ennemis. Nous apprîmes plus tard que c'était près de Ferrières.

Ce triste spectacle nous impressionna vivement ; nous voulûmes monter plus haut, car les balles sifflaient toujours. Malheureusement, par un motif d'économie vraiment indigne, les sacs de lest qui nous restaient étaient en toile mince vernie ; quand on les saisissait, ils se crevaient et le sable se répandait sans profit au milieu des caisses qui encombraient la nacelle. Il nous fallut passer tout le temps de notre traversée à essayer de repêcher ce sable au moyen de notre unique assiette, afin d'en remplir les sacs qui avaient résisté Dans la bagarre, notre déjeuner se trouva mêlé avec le sable, il fallut en faire notre deuil. Ce ne fut qu'au prix des efforts les plus énergiques que nous pûmes, quelque temps après la prise du *Daguerre*, arriver et nous maintenir à une hauteur variant entre 1,400 et 1,500 mètres, ce qui était suffisant.

Le temps, très-clair au départ, s'était peu à peu couvert à partir de onze heures et demie ; nous nous trouvions tantôt au soleil, tantôt dans les nuages ; au soleil, la température était très-élevée, presque suffocante ; puis nous entrions subitement dans des nuages formés de particules glacées dont le froid intense nous saisissait d'une manière pénible.

La carte et la boussole à la main, je tâchais de me rendre compte de la route suivie, mais la neige qui depuis Paris couvrait toujours le sol et la présence des nuages me gênaient singulièrement en rendant les objets terrestres peu distincts. Je constatai cependant que pendant une partie de notre voyage le vent nous poussait vers le S.-E.; mais ce courant avait été bien faible, puisque notre descente se fit dans une direction ne différant pas sensiblement de l'est.

A une heure, il ne nous restait que 2 sacs de lest, la descente fut décidée ; je fus d'avis de l'effectuer très-rapidement, pour que les Prussiens, si le pays était occupé, n'aient pas le temps de nous observer et d'accourir. On ouvrit la soupape toute grande et je vis la terre se rapprocher avec une rapidité effrayante. le baromètre indiquait une vitesse de 10 mètres par seconde;

Nos 2 sacs de lest, nos 2 *guide-rope* et l'ancre lâchés à propos firent cependant, qu'en nous cramponnant tous aux cordes du cercle, le choc n'eut rien de fâcheux ; mais un vent assez violent, dont nous ne soupçonnions pas l'existence, coucha le ballon sur le flanc, et comme le pays était absolument plat et sans obstacles, l'ancre ne mordait pas, et nous fûmes traînés à grande vitesse sur un parcours d'environ 2 kilomètres. Nous nous tenions cramponnés à nos cordages, les uns sur les autres, dans une position presque horizontale, tantôt en dessus, tantôt en dessous ; des caisses nous roulaient sur le corps pendant que d'autres se brisaient avec des craquements sinistres. Pendant cette course échevelée, il arriva un moment où deux gros cordages, en se croisant, me serrèrent le cou ; sans un mouvement désespéré, j'allais me trouver étranglé. Même chose arriva à un de mes compagnons qui ne put se dégager, mais fut sauvé par un mouvement de rotation que subit la nacelle.

Nous ne nous arrêtâmes que quand le ballon fut réduit à l'état de lambeaux par suite de son frottement sur le sol.

Nous pûmes alors sortir de la nacelle, chose peu facile, car les cordages par un effet de torsion nous y avaient comme emprisonnés ; il fallut nous ouvrir un passage le couteau à la main et nous pûmes constater avec satisfaction que pas un de nous n'avait de blessures, à peine quelques contusions ; seul M. Dagron resta quelques moments inanimé, mais c'était un étourdissement qui se dissipa dès que nous l'eûmes relevé.

Cependant, dans le lointain, arrivaient en grand nombre des

paysans avec des voitures. Ma première question fut relative bien entendu au pays; nous étions à Coole, arrondissement de Vitry-le-Français (Marne); les Prussiens occupaient le pays, il en était même passé huit cents une demi-heure avant sur la route de Strasbourg, au bord de laquelle nous nous trouvions. Je crus prudent ainsi que mes compagnons de mettre habit bas, et de revêtir des blouses et des pantalons de toile bleue que nous prêtèrent les habitants.

Nous nous occupâmes alors de charger rapidement bagages et ballon sur les voitures.

Quand je vis cette opération bien en train, je partis au village avec M. l'abbé Joannés, curé de Coole accouru des premiers, afin de mettre en sûreté les papiers dont j'étais porteur et prendre les mesures nécessaires pour notre prompt départ; M. Dagron devait m'y rejoindre avec ses voitures.

A peine arrivé chez M. Joannés, on vint me prévenir que les Prussiens venaient d'arriver à la fois dans le village et au ballon; si M. le curé de Coole n'avait eu la précaution de me faire passer derrière les maisons, je les rencontrais et j'étais probablement pris. Il me conseilla d'aller me cacher dans un bouquet de pins qu'il me montra à environ 4 kilomètres; je m'y rendis en toute hâte, franchissant haies et fossés, et c'est là que je passai le reste de la journée dans la neige, avec un vent glacial, une mauvaise blouse sur le dos et n'ayant rien mangé de la journée. Vu son exiguité, ce bois n'était pas très-sûr pour moi; à moins de se coucher dans la neige (ce que je fis dans les premiers instants) on était à peu près aussi en vue qu'en plein champ; de plus, tout le village m'avait vu partir de ce côté et, si une seule personne m'avait dénoncé, je n'aurais pu m'échapper. Je restai donc là aux aguets, et je fis d'assez tristes réflexions, d'autant plus que j'entendis quelques coups de feu, et que je ne pus m'empêcher de supposer qu'ils étaient adressés à mes compagnons que je croyais prisonniers.

J'attendais la nuit avec impatience, car affaibli par le froid et la faim je m'étais décidé à tenter de rentrer à Coole; j'avais bien à craindre la présence des Prussiens qui nécessairement devaient être sur leurs gardes, mais ayant laissé ma carte avec mes vêtements, je ne savais vraiment où aller ; d'ailleurs, je n'aurais pas eu la force d'aller bien loin.

Après avoir rôdé inutilement autour du village, sans pouvoir retrouver le presbytère où j'espérais rentrer sans être aperçu, j'allai frapper à la première porte venue. Le maître de la maison me reçut fort bien ; il m'apprit que les Prussiens étaient partis après avoir fouillé le village et qu'ils devaient revenir le lendemain matin. Il me conduisit, sur ma demande, chez le maire qui me fit un accueil fort déplaisant et ne voulut me donner aucun renseignement. De là, je me rendis chez M. le curé qui, pendant ce temps, me faisait chercher dans le bois ; je soupai avec lui et j'appris alors de sa bouche les détails suivants sur la journée.

Nous passions au-dessus de Sézanne, quand nous commençâmes notre descente ; les Prussiens, mis en éveil par le télégraphe, avaient aussitôt réquisitionné des voitures pour nous poursuivre ; heureusement le mauvais état des chemins les retarda au point qu'ils durent, pour aller plus vite, faire une partie de la route à pied dans des terres labourées où ils enfonçaient jusqu'à mi-jambe. Sans cette circonstance et sans la course si rapide du ballon sur le sol, nous étions certainement perdus.

M. Dagron et ses compagnons, surpris par l'arrivée des Prussiens, s'étaient sauvés au plus vite avec l'une des deux voitures sur lesquelles tous les bagages étaient déjà chargés ; l'autre voiture, par le fait de la mauvaise volonté du conducteur (gendre ou fils du maire déjà cité), et le ballon encore gisant à terre furent capturés.

M. Dagron s'était d'abord sauvé à Cernon, mais on ne savait au juste où il était à ce moment. Je pensai d'abord à essayer de le rejoindre ; mais je réfléchis qu'il aurait déjà bien du mal, avec ses bagages et trois compagnons, à ne pas attirer l'attention ; j'aurais encore augmenté cette difficulté ; il était d'ailleurs suffisamment muni d'argent. Ne pouvant lui être utile, je jugeai plus sage de prendre seul la route qui me mènerait le plus vite possible hors de la zone occupée. Cette route était celle du midi qui me menait dans la partie méridionale du département de l'Aube qui, croyait-on, n'était pas encore envahie.

M. Dagron était dans une direction opposée, mais il reprit par la suite en partie le même itinéraire que moi, et trouva l'aide le plus obligeant de la part des personnes qui m'avaient déjà reçu, et que j'avais prévenues du passage possible de mes compagnons.

M. l'abbé Joannés m'apprit aussi qu'il avait été chargé par le chef du détachement prussien de rechercher dans le village tous les journaux et objets venant du ballon et de rédiger un rapport sur cette affaire. Je me permis alors une petite vengeance contre le maire ; tout en me recevant mal, il avait sur sa table un des nombreux exemplaires du *Journal officiel* que nous avions apportés ; j'en fis part à M. le curé qui me promit bien de ne pas le lui laisser.

Dans la nuit, je partis avec un guide, à pied, dans les terres labourées ; il pleuvait, mais j'étais protégé par un vieux caoutchouc prêté par M. le curé de Coole, et je me trouvai réconforté par la pensée que pour le moment du moins nous étions tous saufs. Nous arrivâmes à une heure du matin à Sompuis où, sur l'annonce que je venais de la part du Directeur Général, M. Legrand, receveur des postes, me reçut avec le plus grand empressement ; un lit me fut offert et, à cinq heures du matin, je partais à pied avec lui de manière à n'être vu de personne dans le village, précaution que nous jugions utile pour éviter des bavardages qui auraient pu nuire à M. Dagron.

A quelques kilomètres de Sompuis, le jour étant venu, nous prîmes une voiture qui nous conduisit à Dampierre (Aube) où les Prussiens n'avaient pas paru depuis deux mois. Là, je vis le château de ce brave comte de Dampierre, à l'enterrement duquel j'avais assisté à Paris quelques jours auparavant.

A Dampierre, je trouvai un excellent homme, le docteur Mosment qui m'offrit ses services de la manière la plus charmante, et je pris congé de M. Legrand qui, la nuit suivante encore, devait continuer son œuvre de dévouement.

En effet, à peine de retour chez lui (de Dampierre à Sompuis il y a 25 kilomètres), il trouvait M. Dagron et toute sa caravane qui avaient pu retrouver la bonne voie. Sans prendre un moment de repos, M. Legrand leur procura chevaux et voitures, et les conduisit cette nuit même à Dampierre.

Cette conduite si devouée était d'autant plus méritoire, que M. Legrand était déjà vu d'un fort mauvais œil par les Prussiens, à la barbe desquels il continuait clandestinement son service.

Le docteur Mosment, dans l'après-midi de la même journée, me conduisit chez un de ses confrères le docteur Bertrand, à Nogent-le-Long, et celui-ci, après le dîner, m'emmena chez son oncle M. Lignier préfet de l'Aube qui, chassé la veille de Troyes par l'ennemi, venait d'arriver dans sa propriété de Pougy.

Un excellent accueil m'attendait dans cette maison et c'est grâces aux recommandations et aux conseils de M. Lignier que je dois d'avoir achevé mon voyage sans encombre sérieux.

Le lendemain matin, 14 novembre, je partis conduit par un domestique et un cheval que M. Lignier avait mis à ma disposition tant que j'en aurais besoin. La voiture était de louage pour ne pas attirer l'attention. Mon objectif était Auxerre, ville non encore occupée par l'ennemi, et qui me convenait d'autant mieux qu'une partie de ma mission concernait le préfet de l'Yonne. M. Lignier m'engagea à éviter Troyes, et à gagner Auxerre par Bar-sur-Seine et Tonnerre : il me remit plusieurs lettres de recommandation.

Par des routes assez détournées, nous arrivâmes, sans autre rencontre que des Prussiens isolés fort indifférents, au bourg du Vendœuvre ; M. Lignier m'avait remis une lettre pour M. Hément, maire ; mais en même temps que moi, arrivaient 1,500 Prussiens avec 5 à 600 chariots ; impossible de voir le maire pour lui demander conseil.

Je déjeunai avec mon conducteur dans une auberge située en face le chemin de fer sur lequel, hélas ! ne passait plus depuis longtemps aucun train ; nous étions au milieu des Prussiens, mais il fallait laisser reposer le cheval. Après déjeuner, j'appris que le maire avait un frère médecin ; nous allâmes le trouver et il m'adressa, en me mettant lui-même sur la route, à son ami M. Chatel, notaire à Beurey. Nous eûmes, par exemple, obligés, pour éviter les Prussiens qui auraient pu réquisitionner notre cheval, de prendre un chemin en construction sur lequel il n'y avait encore en fait d'empierrement que des blocs de 30 à 60 centimètres de côté.

M. Dagron avait aussi été de Dampierre à Nogent avec le docteur Mosment qui m'avait promis de s'en occuper, et de Nogent à Pougy où M. Lignier lui avait indiqué le même itinéraire; mais, à Vendœuvre, les voituriers de M. Dagron eurent peur de voir réquisitionner leurs chevaux; on revint à Pougy et M. Dagron se rendit à Auxerre en passant par Arcis-sur-Aube et Troyes, et en courant des dangers bien plus grands que ceux qu'il avait cru devoir éviter à Vendœuvre.

M. Chatel me fit conduire par son fils chez son frère, huissier à Bar-sur-Seine, qui me donna une cordiale hospitalité. Cette ville avait été traversée la veille par 5,000 Prussiens, et on en attendait autant le lendemain. J'arrivais dans un bon moment.

Chez toutes les personnes que j'ai citées, j'ai trouvé un accueil excessivement affable; toujours regardé au premier moment avec défiance, à cause de mon costume, j'avais à peine dit que j'arrivais de Paris en ballon, que j'étais reçu à bras ouverts. J'avais, du reste, de quoi satisfaire la curiosité de tous ces braves cœurs, qui ne savaient de nouvelles que ce que les Prussiens voulaient bien leur dire : je payais ainsi leur hospitalité.

Le sous-préfet de Bar, M. Deurle, à qui M. Lignier m'avait recommandé, et que j'eus le plaisir de revoir plus tard à Tours, me procura une voiture qui, le 16, à quatre heures du soir, me déposait à Tonnerre, où l'ennemi n'avait pas encore paru.

En entrant en ville, j'eus grand plaisir à voir des gardes nationaux en costume; je crus pouvoir enfin respirer et modifier un peu l'état de ma toilette; mais je n'étais pas encore au bout de ma course!

A la sous-préfecture, où je me rendis d'abord, je trouvai une grande foule demandant des fusils pour repousser les Prussiens que l'on signalait à quelques lieues. Je vis M. Soisson, sous-préfet, par qui, malgré sa perplexité, je me fis donner d'abord un sauf-conduit pour Auxerre, et qui me donna rendez-vous pour dîner dans un hôtel qu'il m'indiqua; mais à peine arrivé à cet hôtel, j'appris que les Prussiens n'étaient plus qu'à quelques kilomètres, et comme leur habitude, en arrivant dans une ville, est en général d'empêcher d'en sortir qui que ce soit, je commandai de suite une voiture et je me fis servir à dîner, sans attendre M. Soisson. Je n'étais pas encore à table que je voyais défiler devant l'hôtel 21 uhlans, pistolet au poing. Sans demander le moindre renseignement, ils arrivaient par des petites rues très-directes devant la sous-préfecture, où l'on discutait encore si, oui ou non, on se défendrait.

Cette vue me détermina à partir de suite à pied, la voiture devait me rejoindre sur la route. Je fis plus d'une lieue sans rien entendre venir que des cavaliers au grand galop, qui n'étaient autres que des gens des environs, allant annoncer chez eux l'arrivée des Prussiens. Comme il y a 9 lieues de Tonnerre à Auxerre, et que j'en avais déjà fait 18 en voiture ce jour-là, la perspective de faire la route à pied, et de nuit, ne me souriait que médiocrement. Enfin, j'entendis une voiture rouler : c'était la mienne.

A chaque instant, j'étais arrêté par des gardes nationaux qui croisaient la baïonnette en travers de la route, ou en faisaient le geste, s'ils n'avaient pas de fusil ; l'un d'eux, même, ayant pris mon sauf-conduit pour le montrer au chef de poste, qui seul savait lire, me laissa, à mon grand ébahissement et malgré la pluie battante, son képi en gage, sans doute pour me donner la certitude qu'il reviendrait.

A Chablis, ce fut plus sérieux ; je fus invité, sans pouvoir refuser, à aller trouver le maire. Des gardes nationaux prirent le cheval par la bride, et j'arrivai, toujours en voiture et escorté de falots, à l'hôtel de ville, où le maire, entouré de plus de cinq cents personnes, me demanda si réellement, les Prussiens étaient à Tonnerre ; le bruit seul leur en était arrivé. Je pus et je dus leur affirmer que je les avais vus de mes yeux. On me laissa alors continuer ma route et à onze heures et demie, j'arrivai, toujours dans le même costume, à la préfecture d'Auxerre.

M. Ribières, préfet de l'Yonne, quoiqu'en plein conseil de défense, me reçut dès que je lui eus fait passer ma carte, avec la mention « arrivé de Paris par ballon. » Je lui remis une lettre de M. Rampont, et, après avoir satisfait un peu sa légitime curiosité, je me retirai après avoir pris rendez-vous pour le lendemain matin, huit heures. M. Ribières me fit conduire à un hôtel où je soupai enfin tranquillement, et je me couchai, ayant assez des 110 kilomètres que j'avais fait ce jour-là, tant à pied qu'en voiture ; il était une heure du matin.

A quatre heures, je suis réveillé en sursaut par un tapage infernal ; des tambours, des clairons, le rappel, la générale; on frappe à toutes les portes, on réveille officiers, soldats. Les Prussiens arrivaient, disait-on, et ordre était donné à toutes les troupes d'évacuer la ville au plus vite. Je me levai en maugréant de ne pas pouvoir enfin passer une nuit tranquille, dont j'avais pourtant grand besoin, et je cherchai à voir M. Ribières, pour lui demander ce que je devais faire. Ce ne fut pas chose facile ; je ne connaissais nullement la ville, et je traînai longtemps sur un pavé raboteux des chaussures qui me blessaient horriblement, avant de pouvoir arriver à la préfecture. De la préfecture, on me renvoya à la mairie, de la mairie, à la préfecture. De guerre lasse, je découvris le domicile particulier de M. Ribières, et il me dit que rien ne pressait et que notre rendez-vous tenait toujours.

Je profitai de ce que l'alerte avait réveillé tout le monde pour acheter un costume un peu plus présentable, ce qui fut difficile ; car, en vue de l'arrivée des Prussiens, toutes les marchandises étaient déjà cachées ; enfin, j'achetai l'indispensable, et ce fut avec bonheur que je changeai absolument de tout.

Je vis M. Ribières à l'heure indiquée, mais impossible de causer, tant la défense lui occasionnait de visites et de demandes lus ou moins saugrenues ; ce ne fut qu'en déjeunant avec lui que je pus parler librement.

L'après-midi, j'assistai à un conseil de défense auquel prenaient part les officiers de la garde nationale, et même des simples soldats. Les dépêches se succédaient sans interruption, annonçant les mouvements de l'ennemi ; j'eus même à donner mon avis sur la question, en me basant sur ce que j'avais vu et entendu dans le cours de mon voyage. La défense fut résolue, mais les Prussiens ne vinrent définitivement qu'un mois après.

Ils étaient pourtant venus à Chablis la veille au soir, deux heures seulement après mon passage; mais les coups de fusil qui les accueillirent les firent se replier et s'ils revinrent deux jours après imposer une contribution à cette ville, ils n'allèrent pas plus loin pour le moment.

C'est pendant cette journée du 16 novembre que je vis affiché dans les bureaux de poste un décret de la délégation en date du 8 novembre, établissant à Tours le service de la correspondance privée avec Paris au moyen des pigeons voyageurs et de la photographie microscopique.

Ce décret m'étonna: je ne pus avoir à Auxerre aucun éclaircissement à ce sujet. C'est ce fait qui, joint à l'ignorance complète où j'étais du sort de mes compagnons, me détermina à passer par Tours avant de me rendre à Clermont où m'appelait ma mission.

Dans la soirée, je m'entendis avec M. Bert professeur de physiologie à la Sorbonne et secrétaire général de la préfecture, pour organiser un service de messagers qui iraient jeter dans la Seine, le plus près possible de Paris, des boules flottantes contenant des dépêches. Nous fabricâmes même quelques-unes de ces boules dans lesquelles j'insérai, à plusieurs exemplaires, un compte rendu de notre expédition et les nouvelles générales les plus importantes. Ces essais furent jetés dans l'Yonne mais ne furent pas reçus à Paris, où cependant deux lignes de barrages parfaitement surveillées étaient établies à cet effet.

A minuit, je prenais congé de M. Ribières et à cinq heures du matin je partais avec le courrier pour Bonny, station de la ligne de Montargis à Nevers. A une heure et demie, le train arrivait et je me trouvai avec une impression de bonheur que je n'oublierai jamais, installé dans un compartiment de première classe dans un train français, sur une ligne exploitée par des Français et où je croisais à chaque instant des trains remplis de soldats français dont la vue me remplissait d'une satisfaction indéfinissable.

Sans m'arrêter je continuai ma route sur Tours, où, par

suite de l'encombrement des lignes je n'arrivai que le lendemain 18, à midi et demi, exténué de mes 6 jours de voyage.

Je ne parlerai pas de l'aspect de la ville de Tours, siége de la délégation du Gouvernement, les journaux l'ont assez décrit. Toujours est-il que, par suite de l'immense affluence d'étrangers, à deux heures et demie je n'avais encore rien pris depuis la veille six heures. Quant à un gîte, je fis toute la ville sans pouvoir en découvrir et j'aurais été dans un cruel embarras sans de bons amis que je rencontrai par hasard et qui m'offrirent pendant tout le temps de mon séjour une charmante hospitalité.

Le jour même de mon arrivée je vis M. Gambetta, ministre de l'intérieur et de la guerre, et M. Steenackers, directeur général des télégraphes et postes. Je ne m'étendrai pas sur mes rapports avec eux, car la politique doit être ici mise de côté. Je peux dire, néanmoins que ma mission fut considérée comme attentatoire à l'autorité de la délégation; il me fut interdit d'aller à Clermont et d'envoyer un seul pigeon sous peine « d'être traduit en cour martiale et fusillé. » Tout cela ne me faisait pas bien peur et cependant je sais que l'on a fait arrêter et amener à Tours, entre deux gendarmes des personnes qui arrivaient de Paris avec des pigeons et qui venaient me retrouver à Clermont. J'omets d'autres faits très-graves sur lesquels j'ai déjà insisté auprès de qui de droit. On voulut bien d'abord accepter mon projet de correspondance au moyen de boules flottantes, j'en fis même exécuter un certain nombre ; puis tout à coup on ne voulut plus en entendre parler, et malgré mes instances et mes démarches, on le laissa entièrement de côté jusqu'au moment de l'armistice où on se décida à le pratiquer, mais il était bien temps.

Ces boules étaient construites de la manière suivante : Dans une sphère de bois dur de 30^{mm} de diamètre était pratiqué un trou de 10^{mm} traversant de part en part; dans ce trou était fixé un tube de verre mince dont les extrémités affleuraient la surface sphérique. Ce tube recevait les dépêches roulées et était fermé aux deux bouts par deux bouchons taillés à la lime de manière à continuer la surface de la sphère. Le tout était entouré d'un fil de fer bien serré dont un des bouts laissé assez long servait de manche pour tremper la boule dans un bain de cire. Après plusieurs immersions rapides dans ce bain, la sphère de bois se trouvait recouverte d'une couche assez épaisse. On coupait le fil de fer à fleur de la cire, et on avait une sphère de la grosseur d'une noix qui flottait dans l'eau sans cependant en dépasser la surface ; en colorant la cire avec une couleur verdâtre ces boules ne se distinguaient pas de l'eau par leur couleur, et, à cause de leur forme sphérique et de leur faible dimension, les obstacles ne pouvaient que bien difficilement les arrêter.

Sur ces entrefaites, le 21 novembre, je fus appelé chez M. Gambetta et je fus agréablement surpris d'y trouver M. Dagron qui, comme je l'ai déjà dit, était arrivé à Auxerre au prix des plus grands dangers, et avait reçu dans cette ville l'ordre formel de se rendre à Tours.

Du 21 au 29, nous fîmes démarches sur démarches pour tâcher d'arriver à faire accepter notre mission, au moins en ce qui concernait les dépêches microscopiques. Une partie importante de ma mission, à savoir le service des pigeons et celui des boules flottantes m'étant enlevée par force, je dus me contenter de m'occuper avec M. Dagron de la reproduction microscopique des dépêches.

Déjà un photographe de Tours, M. Blaise, avait fait quelques reproductions de dépêches officielles et privées, mais dans des conditions telles qu'un pigeon ne pouvait porter plus de 2,000 dépêches, tandis que par nos procédés on a pu leur en faire porter sans fatigue 60,000. Ce procédé très-primitif fut abandonné dès que nous eûmes commencé à fonctionner.

Après bien des pourparlers et des difficultés telles que plus d'une fois je regrettai d'avoir quitté les miens et couru tant de dangers pour rien, on consentit enfin à essayer de nous utiliser. Le 29, on nous le notifia, et le 5 décembre nous étions installés et, malgré la perte de la partie la plus importante du matériel et l'impossibilité de la remplacer de suite, nos premières dépêches étaient envoyées. Nous commencions à former un bon personnel quand, le 11, l'ordre de départ nous fut brusquement donné.

Le 12 décembre à minuit, nous arrivions à Bordeaux et le

15 la reproduction des dépêches recommençait pour ne plus subir d'interruption jusqu'à l'armistice.

On ne peut se figurer toutes les difficultés contre lesquelles nous eûmes constamment à lutter ; difficultés venant de l'installation forcément défectueuse, et du manque de matériel, difficultés naissant même souvent du peu de bon vouloir de certains fonctionnaires. Il nous fut impossible, à un moment donné de trouver en France certains produits qui ne se fabriquent qu'à Paris. Il fallut les y demander dans une dépêche officielle qui heureusement arriva de suite. Les produits furent expédiés par le premier ballon et malgré une traversée maritime de trois jours nous arrivèrent juste huit jours après l'envoi de la dépêche. Comme le faisait observer le *Moniteur universel* de cette époque, avec le télégraphe et le chemin de fer il n'aurait pas fallu moins de temps.

Ayant été obligés de quitter Tours si précipitamment, nous y avions laissé le personnel déjà formé; il aurait fallu à Bordeaux en former un nouveau, mais le temps manquait. Nous dûmes remplacer notre premier procédé par un autre moins parfait mais qui nous permit d'expédier en quelques jours tout l'arriéré des dépêches déposées en grand nombre depuis un mois.

Nous avons reproduit en tout 470 pages typographiées, quelquefois autographiées contenant chacune plus de 15,000 lettres ou caractères soit 200 à 250 dépêches.

Seize de ces pages se trouvaient reproduites sur une pellicule transparente et inaltérable de 30 millimètres sur 55 millimètres, pesant 0 g. 05.

Chaque pellicule contenait donc de 3,000 à 4,000 dépêches de 20 mots.

Vingt de ces pellicules roulées les unes sur les autres entraient facilement dans un petit tuyau de plume que l'on attachait à la queue du pigeon.

Chaque dépêche a été envoyée à 20, 30 et même 40 exemplaires par autant de pigeons différents; on envoyait tous les jours de nombreux exemplaires de toutes les feuilles dont Paris n'avait pas encore accusé réception. Il en est résulté que certains des derniers pigeons envoyés portaient plus de 40,000 dépêches privées sans compter les dépêches officielles.

M. Dagron avait offert de reproduire gratuitement par se-procédés toutes les dépêches officielles ; ces dépêches nous étaient remises à midi; à cinq heures il fallait en livrer 10 exemplaires microscopiques sur pellicule. Nous en fîmes 13 séries sans être une seule fois en retard.

Nos efforts furent couronnés d'un certain succès ; le jour de l'armistice nous n'avions plus une seule dépêche à faire ; elles avaient été toutes reproduites au fur et à mesure de leur remise ; malgré le petit nombre des pigeons qui arrivaient à bon port, Paris a pu recevoir environ 50,000 dépêches sur près de 100,000 envoyées.

C'est complétement à tort que quelques journaux ont attribué à M. Levy, parti le 17 décembre, les premières dépêches reçues à Paris : M. Levy n'arriva à Bordeaux que dans les derniers jours de décembre : nous avions déjà envoyé plus de 40,000 dépêches ; un pigeon portant des dépêches sur pellicules était même arrivé à Paris la veille ou le jour même du départ de M. Levy. Pour l'utiliser, on voulut lui confier la reproduction microscopique des journaux, mais je ne sais pour quelle cause il n'en fit rien.

L'armistice signé, ma mission n'avait plus aucun but ; je comptai rentrer de suite à Paris ; mais les fatigues et les tracas que j'avais éprouvés m'occasionnèrent une série d'indispositions qui ne me permirent de revenir que le 15 février.

M. Dagron, également malade, n'a pu revenir que ces derniers jours et il n'est pas encore bien remis.

Veuillez agréer, Monsieur et cher camarade l'assurance de mes sentiments dévoués.

Paris, 15 *avril* 1871.

A. FERNIQUE.

Saint-Quentin — Imp. J. MOUREAU.

www.ingramcontent.com/pod-product-compliance
Lightning Source LLC
Chambersburg PA
CBHW060620050426
42451CB00012B/2343